PEDRO LUÍS

SÉRIE ESSENCIAL
ACADEMIA BRASILEIRA DE LETRAS

Diretoria de 2013
Presidente: *Ana Maria Machado*
Secretário-Geral: *Geraldo Holanda Cavalcanti*
Primeiro-Secretário: *Domício Proença Filho*
Segundo-Secretário: *Marco Lucchesi*
Tesoureiro: *Evanildo Cavalcante Bechara*

COMISSÃO DE PUBLICAÇÕES

Alfredo Bosi
Antonio Carlos Secchin
Ivan Junqueira

Série Essencial | Concepção e coordenação
Antonio Carlos Secchin

Produção editorial
Monique Mendes
Revisão
Gilberto Araújo
Projeto gráfico
Estúdio Castellani | *Imprensa Oficial do Estado de São Paulo*
Caricaturas
J. Bosco

Catalogação na fonte:
Biblioteca da Imprensa Oficial do Estado de São Paulo

L992   Lyra, Pedro, 1945-.
       Pedro Luís, cadeira 31, Patrono / Pedro Lyra – Rio de Janeiro : Academia Brasileira de Letras ; São Paulo : Imprensa Oficial do Estado de São Paulo, 2013.
       68 p. ; 19 cm. – (Essencial; 69)

       ISBN 978-85-401-0106-7

       1. Sousa, Pedro Luís Pereira de, 1839-1884. I. Título. II. Série.
                                                        CDD B869.92

Esta edição adota o novo *Acordo Ortográfico da Língua Portuguesa*.

SÉRIE ESSENCIAL

PEDRO LUÍS

CADEIRA 31 / PATRONO

Pedro Lyra

ACADEMIA BRASILEIRA
DE LETRAS

imprensaoficial
GOVERNO DO ESTADO DE SÃO PAULO

Pedro Luís

Pedro Lyra

Um Injustiçado Precursor da Poesia Social

O Cidadão

Pedro Luís foi Deputado, Governador e Ministro.
Não há denúncia de corrupção contra ele.
Era, também, Poeta – um grande talento, semidesperdiçado pela política.

A Cena Histórica[1]

Pedro Luís Pereira de Sousa (Araruama-RJ: 13/12/1839; Bananal-SP: 16/7/1884) ingressa na vida adulta no clima da Guerra do Paraguai, iniciada em dezembro de 1864. O ambiente era de euforia e depois de exaltação patriótica pela vitória, em março de 1870, o que vai motivar os intelectuais a uma intensa obra de participação, particularmente a poesia, e conferir um forte fundo nacionalista à literatura da época.

Fez os estudos secundários no Colégio São Vicente de Paula em Nova Friburgo, onde foi colega de Casimiro de Abreu, e em 1860 recebeu o grau de Bacharel em Ciências Sociais e Jurídicas pela Faculdade de Direito de São Paulo, onde começa a se destacar pelo talento oratório.

De volta ao Rio de Janeiro, ingressou na banca de advocacia do grande jurista Teixeira de Freitas e depois na do seu amigo e também poeta Francisco Otaviano (o da célebre

---

[1] Sigo de perto o relato de A. P. (Afrânio Peixoto) na introdução ao volume póstumo reunindo os *Dispersos* de Pedro Luís, publicado pela editora Civilização Brasileira em 1934, por iniciativa da Academia Brasileira de Letras. É uma precária edição, em papel ordinário, indigna do poeta: meu exemplar se desmanchou, ao folheá-lo. Os poemas foram extraídos desta edição (com atualização ortográfica) e as citações serão feitas por ela, indicando apenas a página no próprio texto.

sextina do passar pela vida "em branca nuvem"), e filiou-se ao Partido Liberal, que fazia oposição ao reinado de D. Pedro II

Através de outros amigos (entre eles o poeta e romancista Bernardo Guimarães, de *A Escrava Isaura*) ingressou também no Jornalismo, colaborando na folha *Atualidade*, e logo se afirma como atento observador e lúcido crítico do seu tempo.

A popularidade e a admiração conquistadas com seus artigos o conduziram à política e, em 1864, foi eleito Representante (Deputado) à Assembleia Geral (Congresso) pelo Rio de Janeiro. Pela força do governo da hora, não se reelegeu, mas, com a vitória dos Liberais numa eleição posterior, em 1880, foi nomeado Ministro dos Negócios Estrangeiros (hoje, das Relações Exteriores). Tão marcante foi sua presença no Ministério que passou a representar a opção imediata para eventuais crises ou lacunas, chegando a acumular interinamente, em ocasiões diversas, pastas tão distintas entre si como as da Agricultura, da Marinha e do Império.

Com uma reforma eleitoral em 1881, Pedro Luís renunciou ao cargo (fato "pouco comum em nossa vida parlamentar" – observa Afrânio Peixoto (p. 139) – ao contrário de hoje, quando eles renunciam com frequência, mas não por coerência ideológica e sim apenas para escapar da cassação) e no ano seguinte foi nomeado Presidente da Província (Governador) da Bahia. Pouco depois, no entanto, adoeceu gravemente, licenciou-se – e, com a ineficiência da Medicina da época, logo veio a falecer. A julgar pelos depoimentos de políticos e jornalistas baianos por ocasião de sua precoce morte, governou com dignidade e competência.

Quando da fundação da Academia Brasileira de Letras, o poeta Luís Guimarães Júnior (do célebre soneto "Visita à Casa Paterna") escolheu seu amigo Pedro Luís como patrono da Cadeira 31.

Sob um regime monárquico, num ambiente aristocrático, o Ministro-Poeta Pedro levou para o Ministério, como seu assessor especial, um mulato de morro, sem escolaridade, gago e epilético. E o tratava por "Meu Assis". Paternalismo? Protecionismo? Populismo? Pieguice? Era Machado. Também não há, contra esse burocrático funcionário ministerial, denúncia nenhuma de corrupção.

A Cena Cultural

O momento de Pedro Luís é o da superação do Ultrarromantismo, na linha da efêmera poesia realista que lhe sucedeu e que antecedeu à parnasiana. À melancólica poética de Álvares de Azevedo, Casimiro de Abreu, Junqueira Freire e Fagundes Varela, ele opõe uma poética eufórica, de questionamento da vida social, de tentativa de intervenção no destino do seu povo. O outro grande nome romântico, que é Castro Alves, e que também se encaminhava para uma poesia realista,[2] já vem um pouco depois de Pedro Luís, e recebe e aceita sua influência. Antes da introdução, definição e consolidação do Parnasianismo entre nós, os poetas da hora eram os "realistas", como os ligeiramente posteriores Teófilo Dias, Carvalho Júnior, Valentim Magalhães, Lúcio de Mendonça, (quase) ignorados em (algumas de) nossas histórias literárias – vítimas da ignorância, da negligência, do preconceito e do partidarismo até na cultura.

O grande modelo era Victor Hugo. Menos ao lado do que na sequência de um lirismo predominante amoroso, o imenso poeta de *La Légende des Siècles* se encaminhara na maturidade para uma poesia social, de dicção arrebatadora, que Capistrano de Abreu denominaria de "Condoreirismo", explorando a simbologia da ave de voo mais alto. Pois era assim a poesia do momento, inspirada nos movimentos sociais da época – o socialismo utópico de Proudhon, Owen e Fourier, precursores de Marx.[3]

Como todos os românticos, Pedro Luís também exaltou o amor, mas apenas na fase jovial. Era mesmo uma vocação

---

[2] Castro Alves (1997: 199) chegou a escrever um mini "drama cômico", com o título de "Uma Página de Escola Realista", e que é no fundo uma sátira ao amor romântico.

[3] Cf. ENGELS, Friedrich. *Do Socialismo Utópico ao Socialismo Científico*. Tradução Roberto Goldkorn. 4.ª edição. São Paulo: Global Editora, 1981.

épica, e por isso não pode ser considerado um poeta tipicamente romântico. Ao contrário dos outros, que levaram uma vida exclusivamente privada (exceção de Gonçalves Dias, o único a atingir a idade adulta), ele levou uma vida pública, como o político "ficha-limpa" e bem sucedido que foi.

A Produção Poética

Vida não tão breve (45 anos) como a dos nossos românticos (mortos na casa dos 20), mas não tão extensa como a dos modernos (alguns deles atingindo a casa dos 80), seu tempo de produção foi curto: do poema de data mais remota (1855) até a morte, foram apenas 29 anos. Sua obra é escassa – caso típico de vocação poética absorvida pela atividade pragmática, ditada pela necessidade de sobrevivência ou pela natureza de uma personalidade complexa, vocacionada para atividades múltiplas. Tivesse ele se dedicado à poesia com o mesmo afinco com que se dedicou à política, certamente sua produção seria bem mais vasta e bem mais elevada. Os românticos de morte precoce[4]

---

[4] Naquele magnífico elenco, incluiria dois cearenses que precisam ser resgatados: Joaquim de Sousa (1855-1876), cognominado "O Byron da Canalha", que se atirou ao mar numa aventura de Fortaleza ao Rio com 21 anos; e Barbosa de Freitas (1860-83), cognominado "O Castro Alves Cearense", morto aos 23.

produziram muito mais porque não desempenharam nenhuma outra atividade – jamais (com a solitária exceção de Casimiro de Abreu, balconista a contragosto da firma do pai por um breve tempo) se desviaram da poesia, o que explica como um Álvares de Azevedo pudesse deixar uma obra de nível, tão diversificada e relativamente vasta, antes de completar 21 anos.[5] O século XX não apresenta nenhum fenômeno semelhante.[6]

O volume organizado pela Academia consta de apenas 29 peças próprias:[7] com essa exata média de um poema por ano, poderíamos identificá-lo como um poeta "bissexto".

---

[5] Os românticos um pouco mais longevos (Aureliano Lessa, 33 anos; Laurindo Rabelo, 38; Vitoriano Palhares, 50; Bernardo Guimarães, 54) situam-se num nível um pouco abaixo.

[6] Apresenta um, mas pela face trágica: se os poetas do século XIX morriam jovens de tuberculose, alguns astros da música do século XX morreram jovens de AIDS, ou de drogas: Cazuza, Renato Russo, Raul Seixas, Janis Joplin, Amy Winehouse, Whitney Huston e tantos outros.

[7] Antes da edição da Academia, alguns dos poemas de Pedro Luís foram impressos em folhetos e tiveram duas publicações: a primeira, em *A Pátria*, volume em homenagem póstuma ao poeta (Salvador, Tipografia do *Diário da Bahia*, 1884); outra, em *Lira Popular*, coletânea de poetas brasileiros e portugueses organizada por Custódio Quaresma (Rio de Janeiro: Livraria do Povo/Quaresma & Cia., com uma 2.ª edição aumentada em 1906).

Acrescidas de 7 traduções quase todas de poetas franceses,[8] estão divididas por gênero em 3 blocos:[9]

I) Épicas – com 9 poemas;
II) Líricas – com 18 poemas;
III) Satíricas – com 2 poemas.

As facetas política e poética dessa complexa personalidade, mesmo com óbvio e amplo predomínio da política, parece que jamais se separaram: o poeta produzia no compasso da

---

[8] Entre elas, as de 2 dos mais famosos poemas de todo o Romantismo: o "Soneto", de Félix d´Arvers, e "O Lago", de Lamartine. Na versão do soneto, o poeta inadvertidamente destrói a razão da sua receptividade universal, que é o impacto que causa no leitor a curiosidade da protagonista pela mulher amada da maneira como o autor descreve, sem suspeitar que é ela mesma: Pedro Luís atribui o "espanto" a si próprio!
O antológico terceto final (realces meus):
À l'austère devoir pieusement fidèle,
Elle dira, *lisant ces vers tout remplis d'elle :*
« *Quelle est donc cette femme ?* » *Et ne comprendra pas.*
Ele traduz, de modo absolutamente inaceitável (p. 150):
Eu um dia, talvez, diga *ao ler em doce calma*
Estes versos que assim vibraram de sua alma:
E essa mulher quem é? – Não cismará jamais...

[9] Como são poucos os textos, e praticamente desconhecidos das novas gerações, vamos fazer desta apresentação um conjunto de breves comentários aos mais significativos. Por sua extensão e pelo limite da coleção, incluiremos apenas quatro poemas na antologia.

realidade. Como em quase toda a poesia social, seu texto está sempre vinculado ao momento: ele é mais motivado por fatos que por ideias; protesta, não teoriza. E só escapa da chamada "poesia de circunstância" pela possível transcendência da sua mensagem (caso típico da lírica), pela dicção sempre elevada (caso típico da épica) e até mesmo pela extensão dos poemas: é sempre um questionamento desenvolvido dos fatos poetizados – nenhum deles acomodado no minimalismo que amesquinha a poesia de hoje.

A Épica

O poema que abre a coletânea ("A Victor Hugo") está datado de 1858, quando o poeta tinha apenas 19 anos. Brado de solidariedade ao grande exilado, repercute como se fosse uma profissão de fé ou um manifesto: introduz a poética ("fortes palavras", "gritos de guerra", "nos páramos vastos") que ele vai realizar.

É um eneassilábico iâmbico-anapéstico (2-5-8-11), mas, refletindo a falta de domínio pleno da expressão, com muitos versos quebrados. Era um metro muito caro aos românticos anteriores, por ser o talvez mais melodioso da poesia tradicional em nossa língua: todos eles o praticaram (G. Dias, no "I-Juca-Pirama"; Casimiro, em "Minha Mãe"; Álvares, em "Sonhando"; Junqueira, em "Não Fujas"; Varela, em "Névoas"; C. Alves, em "O Laço de Fita"). E em alguns outros.

Claro que o poema é todo ele uma exaltação ao maior nome da poesia francesa, expressa em sintagmas como "gigante altivo", "poeta soberbo", "Gênio da França", realçando o tom de denúncia da face social da poesia de Hugo, como na 6.ª estrofe (p. 32):

> Não canta somente do mundo as desgraças,
> Não chora somente do povo o martírio;
> Anima, incendeia com a luz da esperança
> Aqueles que passam da dor ao delírio.

Outro poemeto épico é "Nunes Machado" título que é o sobrenome do protagonista. É outra exaltação, agora ao Deputado liberal e Desembargador Joaquim Nunes Machado (1809-1849), que foi um dos líderes da Revolução Praieira – uma insurreição dos liberais contra as arbitrariedades do reinado de D. Pedro II, no final da década de 1840. Inicialmente em São Paulo e Minas, foi em Pernambuco que ela teve seu momento mais expressivo, finalmente sufocada pelas forças imperiais.[10]

---

[10] Outro líder do movimento foi o Capitão Pedro Ivo Veloso da Silva (1811-1852), exaltado por Álvares de Azevedo e Castro Alves em poemas de tom também épico, tendo ambos por título o nome do mártir. C. Alves (1997: 113) usa versos de Álvares em epígrafe: "Sonhava nesta geração bastarda / Glórias e liberdade".

Na medida mais comum do decassílabo heroico, alternando com hexassílabos, é um poema relativamente extenso (156 versos, com 6 sextinas, em que apenas os hexassílabos rimam, e 12 décimas), mais vigoroso que o anterior, onde o poeta pôde expressar toda a sua revolta contra a corrupção e o despotismo e todo o seu idealismo pela liberdade e pela vida, em versos como estes, da 8.ª décima (p. 38):

> Ele devia vir cheio de glória,
> De braços estendidos para nós,
> Avivar-nos o sangue e a memória,
> Fazendo retumbar a sua voz.
> Oh! diante da sombra o mundo pasma;
> Levanta-te daí, grande fantasma,
> Envolvido no fúnebre lençol,
> E mostra à geração que está corrupta
> Como deve lutar, como se luta
> Com espada valente à luz do sol!

"A Morte do Dr. Landulfo", é também uma exaltação do gênero do anterior. José Joaquim Landulfo da Rocha Medrado (1831-1860) foi um político baiano, formado em Direito. Mais um deputado liberal, deixou em *Os Cortesãos e a Viagem do Imperador – Ensaio Político sobre a Situação*, publicado no ano de sua morte, um texto de denúncia e de protesto, de evidente atualidade, contaminada pelo patrimonialismo e pelas mordomias.

Também poeta, e também sufocado pela política, com obra tão escassa quanto a de Pedro Luís, causou grande comoção ao morrer – como a maioria dos românticos – na casa dos 20 anos.

O poema é uma elegia heroica, de 12 sextinas em decassílabo, algumas findando com um hexassílabo, e um quarteto conclusivo, no mesmo tom de crítica, como na 3.ª estrofe (p. 41), em que o poeta volta a exaltar a ética e o espírito de luta:

> Rodeiem todos seu caixão de morte!
> Ele era moço, porém grande e forte,
> Nunca manchou su'alma e seu país.
> Valente, sempre esteve na vanguarda,
> E limpa a consciência, limpa a farda
> De planos torpes e projetos vis.

O segundo texto da antologia é o mais "patriótico", o mais veemente e o mais indignado dos seus poemetos épicos: "A Sombra de Tiradentes". É também o de expressão mais variada: em 4 nada breves segmentos, não numerados mas separados por asteriscos, abre com uma proposição de 7 sextinas em decassílabos, com apenas uma ou outra quebra de verso; o segundo com 5 quartetos em perfeitos alexandrinos, o francês e o espanhol, mas com a ostensiva exceção do 4.º verso do 2.º quarteto do 2.º segmento, em que a 6.ª sílaba é a tônica de um trissílabo proparoxítono, o que talvez revele desconhecimento da norma parnasiana, que aliás ainda não se havia entronizado; o terceiro com 12 oitavas em redondilha maior; e o quarto com 2 quartetos (que são uma repetição do 4.º e 5.º do 2.º segmento, com variação apenas no último verso).

Trata-se de um protesto contra o que na época se considerou uma infâmia: a ereção de uma estátua de D. Pedro I no Campo da Lampadosa, no Centro do Rio de Janeiro, em 1862, justamente o local onde foi executado o mártir da Independência – hoje, Praça Tiradentes.

A abertura é um antelóquio irônico – o poeta dá a impressão de que vai exaltar o homenageado, como na 1.ª e na 7.ª estrofes (pp. 45-46):

> Façam alas... O préstito se avança!...
> Reluzem as espadas... Preso à lança
> Estremece o sagrado pavilhão:

> Ele vem nos contar a grande história,
> Despertar-nos ao sol de nossa glória,
> Ao medonho estampido do canhão!...
> [...]
> Vem à frente do povo a majestade...
> É uma festa em que a nossa liberdade
> Vai cantar a odisseia do valor
> Ao rufo compassado dos tambores,
> Entre nuvens de pólvora e de flores,
> Alas!... Alas!... ao povo, ao Imperador![11]

Essa imagem será desconstruída e os protagonistas invertidos na sequência. Já no final do 2.º segmento, o poeta introduz aquele que deveria ser o verdadeiro homenageado (p. 47):

> E quando perguntarem ao povo com espanto
> Que fez o cidadão, que o povo assim guardou,
> Dirão: Morreu aqui – Calvário sacrossanto!
> O sangue desse Cristo a pátria batizou!

---

[11] Verso que se deve ler com uma violenta sinalefa: "-vo ao Im-" compõem uma única sílaba, para manter o decassílabo.

No terceiro segmento, o poeta provoca o impacto de dissecação da cena, logo na abertura: o homenageado não é o mártir – é um egresso das forças do seu carrasco! E brada, numa das passagens mais vigorosas e atuais, com a explícita condenação do servilismo, da corrupção e da leniência ante a lei, outras pragas da política de hoje (p. 48):

> Rasga-se o véu!... Que aparece?!
> Quem é esse cavaleiro
> Que, no ímpeto guerreiro,
> Estende o braço viril?!...
> Não é esse o heroico vulto,
> Que a história tanto apregoa
> E o povo todo abençoa
> Como o anjo do Brasil?
>
> Não é, não... vergonha imensa,
> Nesta quadra corrompida
> Com a fronte envilecida,
> Sem glórias e sem pudor,
> O Brasil curvando os braços,
> Dobra o joelho contrito
> Ante a massa de granito
> Do primeiro imperador...

> Curvai-vos – raça d'ingratos!
> Nos dias de cobardia
> Festeja-se a tirania
> Fazem-se estátuas aos reis!...
> Embora tenham da pátria
> Ouvido os longos gemidos,
> Os cadafalsos erguidos
> E postergadas as leis.

Menos que o Imperador, ele condena os áulicos que apoiaram a ideia. E registra seu desapontamento, repetindo a crítica à servidão (p. 51):

> Pensei que o ídolo santo
> Que adorássemos agora,
> Do homem fosse que outrora
> A pátria, muda, chorou.
> [...]
> Hoje o Brasil se ajoelha,
> E se ajoelha contrito
> Ante a massa de granito
> Do primeiro imperador.

Na conclusão, depois de sugerir que a estátua a erguer seria a de Tiradentes, um verso que resume o que na hora se chamou de "mentira de bronze": "Mas este – é um bronze vil que a corte levantou."

Outro dos mais vibrantes poemetos épicos de Pedro Luís é "Os Voluntários da Morte", com o subtítulo-dedicatória de "Hino à Polônia". É um forte brado de solidariedade em face do desmembramento do país em 1832 pela Tríplice Coroa, a aliança imperialista entre Rússia, Áustria e Prússia.[12] É o mais extenso de seus poemas, o único em versos brancos: 222, em 7 segmentos de estrofação agora variada.

O primeiro com 52 versos em 5 estrofes, descreve e exalta um grito de dor ("Arrancado, talvez, entre torturas"), que ainda não identifica (p. 53):

> O mundo inteiro ouviu aquele grito!...
> E o mundo inteiro levantou-se em ânsias...
> Donde vem o clamor? Quem sofre tanto?
> Quem é que morre?...

---

[12] Informa Afrânio Peixoto (p. 62) que este poemeto foi traduzido em francês, russo, alemão e polonês e divulgado então em grande parte da Europa por iniciativa de intelectuais brasileiros.

O segundo com 28 versos, numa longa estrofe, deixa claro que o grito é de um povo oprimido, "os voluntários da morte" do título, que partem para a batalha sabendo que vão morrer (p. 55):

> Que soberba vítima,
> Na inspiração de uma agonia heroica,
> [...]
> Um povo inteiro, pálido, sombrio,
> Trajando as vestes funerais da campa...

Igual ao segundo, o terceiro é uma exaltação aos mártires com uma violenta imprecação aos agressores (p. 56):

> Sois vós! Sois vós! Que raça de demônios!
> Oh! calai-vos – malditos!

O quarto, com 16 versos, é um prolongamento do grito inicial (p. 58):

> Dir-se-ia que o dedo do destino
> Grava, na escuridão, sobre essas frontes
> Palavras cabalísticas de morte...

O quinto, com 27 versos, é o momento nuclear do poema: a candente descrição do massacre de um povo, em versos palpitantes de indignação e revolta, como no final (p. 59):

> Às lufadas do norte, relinchando,
> A correr sobre um chão, crivado todo
> De valentes heróis mordendo a poeira!
> Mulheres seminuas, arrastadas,
> Se estorcendo ao vibrar de férreo açoite!
> Crânios voando! Criancinhas louras
> Rasgadas pelos pulsos dos carrascos!
> Um tombar de palácios e choupanas!
> Um tremendo arrasar de mil cidades!
> Correria de archotes crepitantes!
> Labaredas imensas se alastrando!
> Línguas de fogo, que, lambendo a terra,
> Vão no alto do céu tingir as nuvens
> De sinistros clarões... Que cena aquela!

O sexto, também com 27 versos, são comentários e lamentos sobre o massacre do povo enfim identificado e uma condenação aos agressores e aos indiferentes, em expressivos versos em que ele, antevendo o julgamento da posteridade, se coloca no lugar dos condenados (p. 60):

> Oh! tenho medo
> Da sentença da História!
> [...]
> Oh! cobarde!
> Cobarde é o meu silêncio!

Seria... – se fosse ele o agressor e se não tivesse escrito este poema.

A conclusão é também uma passagem vibrante e de grande atualidade. Com 44 versos em 3 estrofes de composição variada, o poeta condena o formalismo jurídico e diplomático, que tanto retardam a solução dos conflitos internacionais, e a passividade dos povos que se submetem à invasão de potências exploradoras ou à tirania de déspotas. Até parece que ele observa uma reunião da ONU e assiste a algum telejornal (p. 61):

> Ao tempo em que mimosos diplomatas,
> Em divãs de veludo reclinados,
> De um protocolo infame estudam sílabas,
> E pesam vírgulas[13] em balanças d´oiro...

---

[13] Palavra a ler com síncope da 2.ª sílaba ("vírg'las") para manter a métrica e o decassílabo.

> Enquanto tudo ri... o bardo chora.
> [...]
> Sobre a cerviz dos povos idiotas.

O último dos poemetos épicos incluídos nesta antologia é o oitavo dos *Dispersos* – e é uma obra-prima. É o seu melhor poema, o mais reconhecido e um dos maiores do gênero em nossa língua – o único presente nas antologias: "*Terribilis Dea*".[14]

Com o subtítulo de "Impressões do Combate de Riachuelo", é uma exaltada descrição dessa batalha naval, uma das mais importantes da Guerra do Paraguai, travada ao longo de 8 horas do domingo 11 de junho de 1856, às margens do Arroio Riachuelo, um afluente do Rio Paraguai, na cidade de Corrientes/Argentina, com vitória dos Aliados, sob comando do Almirante Barroso.

São 102 versos alexandrinos (com alguns espanhóis e apenas 3 quebrados) em 17 sextinas com rima emparelhada/interpolada no esquema A-A-B-C-C-B, que se pode dividir em 3 segmentos:

---

[14] Mesmo no *site* oficial da Academia, só se encontram dois poemas na página de Pedro Luís: este, que é canônico, e "O Leque de Marfim", que não selecionamos.

1.º) com 8 estrofes, de 1 a 8: descrição da "*Terribilis Dea*", que é a deusa da guerra;

2.º) com 5 estrofes, de 9 a 13: evocação de guerras anteriores;

3.º) com 4 estrofes, de 14 a 16 (a 17.ª é uma repetição da 1.ª): uma celebração da vitória.

Começa num ar de mistério (1.ª estrofe), designando a protagonista apenas pelo pronome "ela". Segue (2.ª estrofe) com uma série de provocativas interrogações sobre ela: "Quem era?", "De onde vinha?", criando um clima de interesse pela figura. E aprofunda o interesse criado em torno dela com a proposição de três dos hipotéticos lugares de sua origem, todos macabros: "abismo", "túmulo", "inferno". Retoma o retrato da deusa (3.ª e 4.ª), agora com expressões de sarcasmo em algumas magníficas imagens: "anjo do mal", "a grande divindade", "mulher fantasma", "hórrida bacante", "deusa do sepulcro", "pálida rainha", "aquele espectro". A seguir (5.ª a 8.ª), realçando objetivos e táticas de países belicosos num soberbo hemistíquio ("Quer sangue e atira flores!"), relata suas atividades, resumidas no dístico final da 7.ª estrofe (p. 71):

> Despedaça a justiça, e atira com cinismo
> A virgem Liberdade nos braços da Opressão!

O segundo segmento é a síntese de uma face da história da civilização – aquela "construída" pela guerra. Pedro Luís nomeia alguns dos maiores guerreiros, indivíduos que uma pedagogia ingênua andou qualificando de "heróis", mas que não tinham outro objetivo senão submeter o resto do planeta ao império do seu país, em protoversões de uma canhestra globalização. Átila, "o monstro", na 9.ª estrofe; Cipião, César, Pompeu, com os quais a deusa "vergava o braço do destino", na 10.ª; Carlos, a quem deu "o globo imperial", na 11.ª; Napoleão, "em busca do Infinito", na 12.ª; Farragut, "no tope do mastro", na 13.ª – todos eles guiados e acompanhados pela "*Terribilis Dea*". A consequência de toda essa paranoia trans--histórica (e nem precisa trocar "montanhas" por "torres") é nossa contemporânea (p. 73):

> Vomitava metralha a derribar montanhas,
> E do mundo arrancava um grito de terror...

O segmento final reporta-se ao Brasil, à guerra-tema do poemeto (*idem*):

> Ela estava também – espetro pavoroso –
> Do Amazonas a bordo...

E, na conclusão, a repetição da estrofe inicial, com a exaltação da vitória nacional (p. 74):

> Quando ela apareceu no escuro do horizonte
> O cabelo revolto, a palidez na fronte,
> Aos ventos sacudindo o rubro pavilhão,
> Resplandente de sol, de sangue fumegante,
> O raio iluminou a terra... Nesse instante
> Frenética e viril ergueu-se uma nação!...

Mais uma – como tantas outras da história da humanidade – filha da guerra.[15]

---

[15] Castro Alves escreveria uma "Antítese a *Terribilis Dea*": "Deusa Incruenta", com o subtítulo de "A Imprensa" (1007: 465). A antítese não é entre os dois poemas ou entre os dois poetas, como numa polêmica, mas entre a natureza de seus temas: o Mal, configurado pela guerra, no de Pedro Luís; e o Bem, configurado pela liberdade, no de Castro Alves, que define a imprensa pela soberba imagem de "consciência do mundo". Se os políticos que tanto sonham em censurá-la, sob o sofisticado mas tolo eufemismo de "marco regulatório", conhecessem este conceito, certamente não se atreveriam e teriam vergonha de pretender regular a consciência...

A Lírica

Não incluiremos na antologia nenhum dos 18 poemas líricos recolhidos, e comentaremos apenas dois: "Lágrimas do Passado", por ser o mais antigo, datado de 1855, quando o poeta tinha apenas 16 anos; e "Escuta", datado de 1861, quando já ultrapassara a adolescência.

Da escassa produção de Pedro Luís, é a parte tributária do espírito literário da época, sufocada pela social: se tivesse deixado somente este conjunto, seria apenas mais um poeta ultrarromântico, como os da sua geração, e pouco expressivo, pelo reduzido número de textos.

O primeiro é uma peça típica do *spleen* romântico: um poema em 17 quartetos no melodioso metro do decassílabo sáfico, de dicção plenamente casimiriana (cf. "Minha Alma é Triste"), com o requinte da rima interna nos versos pares, em passagens como a da 4.ª estrofe (p. 79):

> O bardo é triste no florir da idade,
> Pranto e saudade são os seus lauréis,
> Que tem que o bardo, que viveu sem flores,
> Morra de amores e te caia aos pés?

E a reafirmação da melancolia, do pessimismo e do fatalismo dessa geração, no expressivo verso final: "Quem era um poeta para ser feliz?"[16]

O segundo é uma espécie de palinódia do anterior, com sete estrofes em decassílabo heroico, rima apenas entre os versos pares. O poeta abandonava a dicção melancólica no rumo de uma poesia mais afirmativa, um pouco já próxima do Condoreirismo dos poemas sociais, em passagens como a da 5.ª estrofe, com esta forte definição do mundo da guerra:

> Saiu do inferno o furacão terrível,
> Lúgubre, uivando... desse horror profundo!
> Hálito impuro que envenena e mata
> Nasceu do inferno que é chamado mundo.

E fecha com um verso frontalmente oposto ao derrotismo do poema anterior, encerrando uma persistência que sempre foi um traço típico da arte de participação: "Quem foi que disse que morreu meu sonho?".

Prévia negação do melancólico desabafo de John Lennon, é este um outro verso que expressa uma situação-símbolo de

---

[16] Informa Afrânio Peixoto (p. 82) que este poema foi muito recitado nos salões literários da época.

hoje, quando muitos ideais que são razões de vida parecem destruídos no caos econômico-político do mundo contemporâneo, também ele falsamente globalizado.[17]

A Satírica

Dos dois poemas satíricos recolhidos em *Dispersos*, acolhemos apenas "Mestre Góis". É uma bem-humorada sátira em 15 sextinas de redondilha maior, contra Zacarias de Góis e Vasconcellos (Valença-BA, 1815 – Rio de Janeiro, 1877).

Dos políticos mais atuantes do Império, Afrânio Peixoto o caracteriza como "respeitável e caricato a um tempo" (p. 139). Era Bacharel em Direito pela Faculdade de Recife e Professor da Academia de Olinda. Foi Deputado e Senador pela Bahia, Governador do Piauí, de Sergipe e implantador do estado do Paraná; Presidente da Câmara; Ministro da Marinha, da Justiça, da Fazenda e, por três vezes, Presidente do Conselho de Ministros (em 1862, 64 e 66). Na luta por um Parlamentarismo mais democrático, criticou o autoritarismo de D. Pedro II num livro sobre um dos temas mais típicos

---

[17] Das peças líricas, mencionaria ainda "A um Pai", um epicédio sem data à morte precoce do filho de um amigo. E não tanto por um valor estético, mas por ser um soneto, o único que Pedro Luís escreveu, e por ser uma espécie rara entre os românticos.

da teoria política, por isso sempre atual: o que gera aquele complexo que faz com que políticos de mentalidade autoritária encarem a lei não como um preceito, mas como um empecilho, pois consideram um absurdo oxímoro e por isso não toleram que *seu poder não possa* alguma coisa – o senso de limite: *Da Natureza e Limite do Poder Moderador* (1862).

O retrato que o poeta faz do Ministro é hilariante e configura a denúncia de uma série quase completa de certas práticas tão comuns no nosso mundo político – ainda hoje (pp. 135-139).

O conchavo eleitoral:
>Mestre Góis é de energia!
>Para arranjar maioria
>Teve uma ideia feliz:

O casuísmo:
>Pespegou as leis por terra;
>Fez a eleição como quis.

O clientelismo:
>Pois quem tem tão boa claque
>Pensa algum dia que cai?

O fisiologismo:
> E a ilustre maioria
> Começa em tal gritaria...
> Aplaude em tal frenesi...

O personalismo:
> Julga o nobre conselheiro
> Que ele é o maior, o primeiro
> Por tudo, em tudo...

A prepotência:
> Lasca muito desaforo
> De tirar cabelo e couro
> Aos amigos. – E o que tem?

A impostura:
> Passa tudo por chalaça:
> *Que sal! Que ladrão! Que graça!*
> E o coro a dizer: – *Amém!*

A manipulação:
> O povo salta-lhe às botas...
> Forte corja de idiotas!

O autoritarismo:

> Tinha graça um povo à toa
> Metido agora a dar leis.

Ignoro se Zacarias tinha filhos, sobrinhos, cunhados: faltou o nepotismo. Quantos políticos brasileiros de hoje não se enquadram nesse perfil? [18]

O outro é mais um extenso poemeto de 22 sextinas em decassílabos heroicos, em que o poeta retrata, de modo jocoso, uma figura feminina, atribuindo-lhe predicados os mais diversos. Apenas no verso final a identifica: "É a minha musa" (p. 145). Apesar do perfil da protagonista, não chega a se configurar como uma página metapoética.

Relevante mesmo, no caso, apenas a 7.ª estrofe, em que o poeta esboça o conflito – que deve ter sofrido – entre o ideal poético e a prática política (p. 141):

> Mas tem razão a minha pobre Egéria...
> Não me pode aturar meses e meses,
> Aos labores da vida e da matéria.

---

[18] Como Ministro da Fazenda, Zacarias criou uma série de impostos, possível motivo da sátira de Pedro Luís. A crítica é de um jovem aspirante à política: 28 anos mais novo e vivendo quase 20 anos menos, eles não cruzaram no Ministério.

Ela triste se esconde... e muitas vezes,
Quando, por bobo, trato de política,
Fica de cama, pálida e raquítica.

Por esses versos, pode-se supor que o poeta sobrevalorizasse a poesia em relação à política, e mesmo a lírica em relação à social (trata de temas políticos "por bobo" – tanto no cotidiano quanto na literatura) e que lamentasse o tempo desviado da poesia para a política.

Infelizmente, desviou muito.

Remate

Apesar da escassez da obra,[19] Pedro Luís não pode ser ignorado em nossas histórias literárias. As referências a ele têm se resumido a duas: como autor de "*Terribilis Dea*" e como precursor de Castro Alves. É pouco – ele merece mais.

Foi um ultrarromântico como os outros, apenas de produção muito restrita; e foi também, agora com uma importância

---

[19] Além destes poemas, Pedro Luís escreveu também várias crônicas, artigos e recensões. Destaque-se a leitura d'*As Primaveras*, do seu colega e amigo Casimiro de Abreu – um longo texto (39 páginas: 223-261), que é uma das primeiras manifestações críticas sobre esse clássico do nosso Romantismo.

que não pode ser rebaixada, um autêntico precursor da nossa poesia social.

Se o seu poema de intervenção parece muitas vezes prosa metrificada, com raras imagens, e se sua metrificação nem sempre é perfeita, o vigor das suas ideias e o clamor da sua indignação têm que situá-lo num plano de maior realce – sobretudo pela atualidade de muitas de suas proposições, como tentamos demonstrar.

Inevitável a suposição final: tivesse vivido um pouco mais e se dedicado à poesia um muito mais, poderia ter escrito a epopeia nacional – bem como Castro Alves. Ou Moacir de Almeida.

Se o talento era grande, a vocação não era tão forte.

Bibliografia Consultada:

ABREU, Casimiro de. *Poesias Completas.* Org. Frederico José da Silva Ramos. 3.ª ed. São Paulo: Saraiva, 1961.

ALVES, Castro. *Obra Completa.* Org. Eugênio Gomes. Rev. Alexei Bueno. Rio de Janeiro: Aguilar, 1997.

AZEVEDO, Álvares de. *Obras Completas.* 2 v. Org. Homero Pires. São Paulo: Cia. Ed. Nacional, 1942.

DIAS, Gonçalves. *Poesia Completa e Prosa Escolhida.* Org. Manuel Bandeira. Rio de Janeiro: Aguilar, 1959.

FREIRE, Junqueira. *Obras Poéticas.* 2 v. Org. J. M. Pereira da Silva. Rio de Janeiro: Garnier, s/d.

LUÍS, Pedro. *Dispersos.* Org. Afrânio Peixoto. Rio de Janeiro: Ed. Civilização Brasileira, 1934

VARELA, Fagundes. *Poesias Completas.* Org. Edgard Cavalheiro. São Paulo: Saraiva, 1962.

A Victor Hugo*

>..................................*J'habite l'ombre,*
>*Je suis sur un rocher qu'environne l'eau sombre*
>*Ecueil rongé des flots, de ténèbres chargé*
>*Où s'assied ruisselant le blame naufragé.*
>..
>*Ici le bruit du gouffre est tout ce qu'on entend,*
>*Tout est horreur et nuit. Après? Je suis content.*
>
>   V. Hugo, 1865.

Ei-lo! o gigante altivo! o poeta soberbo!
Na ilha do exílio por ele sagrada!
Impávido encara da terra os tiranos
Bradando, à sua pátria vencida, humilhada.

Ei-lo! sombrio, feroz, erguendo com audácia
A fronte tão nobre que nunca curvou!
Ei-lo! tremendo de raiva, rugindo de dor!
Seu anjo querido da França voou...

---

* *In*: *Dispersos*. Rio de Janeiro: Civilização Brasileira, 1934, pp. 31-3.

Maldiz esse monstro que o anjo expeliu,
O filho do inferno ao mundo atirado,
E a fortes palavras, saídas do peito,
Abalam um trono de sangue manchado.

E os reis, que orgulhosos nos címbrios dourados,
Sorriem-se vendo do povo as torturas,
Tremem de susto – de susto – cobardes
Que dão e que espalham somente amarguras.

Oh! é sublime, potente a voz do gigante,
Que invoca na ilha o anjo da terra!
Retumba sonora por todo universo
E um canto inspirado e um grito de guerra!

Não canta somente do mundo as desgraças
Não chora somente do povo o martírio;
Anima, incendeia com a luz da esperança
Aqueles que passam da dor ao delírio.

Ele crê com ardor, tem fé e anima
Com os olhos brilhantes cravados nos céus;
Lutam com a dor, com a saudade, com o exílio,
Contempla sua pátria e olha para Deus.

É a águia que paira sobre cadáveres,
Que a terra contempla de sangue alagado,
E logo dirige seu voo soberbo
Ao sol coruscante no céu azulado.

Nos hinos de amor a sua alma ardente
Se expande, s'espraia com tanta doçura!
Nos páramos vastos da imaginação
Vagueia sonhando, buscando ventura.

Deixai-o que cante! Seus cantos são ternos
Ascendem aos céus, aos pés do Senhor
E descem ao mundo nas asas dos anjos
Que sobre eles vertem eflúvios de amor.

Deixai-o que cante! A voz desse poeta
Ecoe no universo, no mundo criado,
A su'alma imensa vagueie no espaço,
Que o mundo se curve às canções do exilado.

E aqueles que creem, que esperam gemendo
Um raio de luz, de amor e verdade,
– Elevam suas vistas ao Gênio da França
Que espera, que geme, que quer liberdade...

S. Paulo, 1858.

A Sombra de Tiradentes*

Façam alas... O préstito se avança!...
Reluzem as espadas. Preso à lança
Estremece o sagrado pavilhão:
Ele vem nos contar a grande história...
Despertar-nos ao sol de nossa glória,
Ao medonho estampido do canhão!...

A orquestra militar vibra os seus hinos
E o povo treme, como se os destinos
Surgissem gloriosos lá do céu.
Façam alas... São filhos da terra,
Que vão erguer aos cânticos de guerra
Dos feitos nossos perenal troféu.

Bafeja o mundo aragem d'esperança;
Lá do heroico passado uma lembrança
Evocaram na turba marcial:
São Levitas da pátria agradecida,
Que vão, cheios de fé, de fronte erguida,
Nessa marcha solene, triunfal.

---

* *In*: *Dispersos*. Rio de Janeiro: Civilização Brasileira, 1934, pp. 45-52.

Esses louros da pátria ensanguentados,
Pelo fogo divino iluminados,
Tinham direito à saudação viril;
E os vindouros em cívica romagem
Vão prestar-lhes esplêndida homenagem,
Saindo agora do marasmo vil.

Hoje se elevam tradições, queridas,
Na poeira do tempo enfraquecidas,
Até hoje ninguém as acordou.
É dívida sagrada ao sangue altivo,
Que saltando na algema do cativo,
Como lava de fogo arrebatou.

Façam alas... À sombra do passado
Vai-se elevar no Panteão sagrado
A coluna mais alta da nação...
Há de ser o herói do nosso empíreo!
Sobre as lendas que explicam-lhe o martírio
Vão colocar o popular brasão!

Vem à frente do povo a majestade...
É uma festa em que a nossa liberdade

Vai cantar a odisseia do valor
Ao rufo compassado dos tambores,
Entre nuvens de pólvora e de flores,
Alas!... Alas!... ao povo, ao imperador!

*

Das nuvens lá do céu soberbo se avizinha
Das glórias brasileiras o mágico sinal!
Coberta está de um véu... porém lá se adivinha
Da Liberdade um Deus no imenso pedestal!

Da terra que conserva em seu leito gelado
Aqueles que romperam os elos do grilhão,
Que guarda o sangue ardente à pátria derramado
E as lágrimas de cólera em dias de aflição;

Da terra em que se deu o martírio glorioso,
E, aos raios dessa luz, por fim se libertou,
Surgir um dia deve um vulto portentoso,
E esse – ei-lo acolá que a pátria levantou.

Que palmas de valor não murcha a grande história?
O povo esquece um dia os ínclitos varões!

Mas do famoso herói granítica memória
Terá sempre a seus pés do mundo as gerações...

E quando perguntarem ao povo com espanto
Que fez o cidadão, que o povo assim guardou,
Dirão: Morreu aqui – Calvário sacrossanto!
O sangue desse Cristo a pátria batizou!

*

Rasga-se o véu!... Que aparece?!
Quem é esse cavaleiro
Que, no ímpeto guerreiro,
Estende o braço viril?!...
Não é esse o heroico vulto,
Que a história tanto apregoa
E o povo todo abençoa
Como o anjo do Brasil?

Não é, não... vergonha imensa
Nesta quadra corrompida
Com a fronte envilecida,
Sem glórias e sem pudor,
O Brasil curvando os braços,

Dobra o joelho contrito
Ante a massa de granito
Do primeiro imperador...

Curvai-vos – raça d'ingratos!
Nos dias de cobardia
Festeja-se a tirania
Fazem-se estátuas aos reis!...
Embora tenham da pátria
Ouvido os longos gemidos,
Os cadafalsos erguidos
E postergadas as leis.

Vede!... Aí surge da terra,
Como da febre do sonho,
Um patíbulo medonho,
Meu Deus!... por que recuais?...
Sobre a tábua ensanguentada
Aquela face já fria
Não vem turbar a alegria
Destes cantos festivais.

Não recueis de uma sombra!...
O frio braço do espetro

Não pode quebrar um cetro,
Que tendes por divinal!
Envolto em sua bandeira,
Triste, pálido, calado,
Também ele é convidado
Desta festa imperial!...

É esse o herói soberbo,
O filho da liberdade,
Que a cega posteridade
Nessa baixeza esqueceu;
Sonhador que tanto sonhou
Na noite do cativeiro,
Foi ele o mártir primeiro
Que pela pátria morreu!

Ele sim... Quando nas trevas
Todos curvavam a fronte
Divisou lá no horizonte
Doce esperança – uma luz!...
E quis carregar, ousado,
Da liberdade o Atlante
Sobre os ombros de gigante
A terra de Santa-Cruz.

Que importa ali sucumbisse
No cadafalso maldito
E que da independência o grito
Morresse nos lábios seus?!
Que importa a morte afrontosa,
Se no cadáver gelado,
Pelo Brasil retalhado,
Choveram bênçãos dos céus?!

Insensato! derramara
Esse sangue generoso
Pelo solo venenoso
Em tempos d'escravidão!
Caiu no chão às golfadas
Foram benditas sementes:
Do sangue do Tiradentes
Brotou-nos a salvação.

Pensei que o ídolo santo
Que adorássemos agora,
Do homem fosse que outrora
A pátria, muda, chorou.
Hoje percebo assombrado

Que a maldição fulminada
Contra essa fronte elevada
Té ao futuro chegou.

Hoje o Brasil se ajoelha,
E se ajoelha contrito
Ante a massa de granito
Do primeiro imperador.
Não molda ninguém no bronze
O valente dos valentes
A sombra de Tiradentes,
– Esse braço redentor.

Não precisa de uma estátua,
Nós o vemos radiante
Numa auréola brilhante
De liberdade e de fé...
Sobre a tábua ensanguentada
Triste, pálido, calado,
Frio espetro do passado,
No pelourinho, de pé!

*

Da terra que conserva em seu leito gelado
Aqueles que romperam os elos do grilhão,
Que guarda o sangue ardente à pátria derramado,
E as lágrimas de cólera em dias de aflição;

Da terra em que se deu o martírio glorioso
E, aos raios dessa luz, por fim se libertou,
Surgir um dia deve um vulto portentoso...
Mas este – é um bronze vil que a corte levantou.

30 de março, 1862.

*Terribilis Dea**

(Impressões do Combate de Riachuelo)

Quando ela apareceu no escuro do horizonte,
O cabelo revolto e a palidez na fronte...
Aos ventos sacudindo o rubro pavilhão,
Resplandecente de sol, de sangue fumegante,
O raio iluminou a terra... Nesse instante
Frenética e viril erguer-se uma nação!

Quem era? De onde vinha aquela grande imagem
Que turbara do céu a límpida miragem,
E de luto cobrira a senda do porvir?
De que abismo saiu? do túmulo? do inferno?
Pode o anjo do mal desafiar o Eterno?
Da fria sepultura o espetro ressurgir?

Deixai que se levante a grande divindade!
Seu templo é a terra e o mar, seu culto, a mortandade;
Enche-lhe o peito o sopro das paixões
É uma mulher fantasma! Uma visão de Dante,

---

* *In*: *Dispersos*. Rio de Janeiro: Civilização Brasileira, 1934, pp. 70-4.

Dos campos da batalha a hórrida bacante,
Que mergulha no sangue e ri das maldições!

A deusa do sepulcro! A pálida rainha!
A morte é sua vida. Impávida caminha,
Ora grande, ora vil, nas trevas ou na luz;
A corte que a rodeia é lúgubre coorte;
Tem gala e traja luto: é o séquito da morte,
A miséria que chora, a glória que seduz.

Desde que o mal nasceu, nasceu aquele espetro!
De raios coroou-se! Ao peso de seu cetro
A terra tem arfado em transes infernais.
Do mundo as gerações têm visto em toda a idade,
Sinistra, aparecer aquela divindade,
Celebrando no sangue as grandes saturnais!

No seu olhar de fogo há raios de loucura...
Tem cantos de prazer! Tem risos de amargura!
Muda sempre de céu, de rumo, de farol.
Aqui – pede ao direito a foz forte e serena,
Ali – ruge feroz, feroz como uma hiena,
Assassina nas trevas, mata à luz do sol!...

Levanta o gládio nu em nome da Verdade,
Acorda em fúria acesa à voz da Liberdade,
E no punho viril derrete-se o guilhão!
Como é bela!... Depois... sem fé, sem heroísmo,
Despedaça a justiça, e atira com cinismo
A virgem Liberdade nos braços da Opressão!

É uma deusa fatal! Quer sangue e atira flores!
Abraça, prende, esmaga os seus adoradores,
Embriaga-os de glórias e os cerca de esplendor:
E esses loucos – depois de feitos de gigantes –
A túnica lhe beijam ardentes, delirantes,
E morrem a seus pés na febre desse amor.

Quando Átila, o monstro, – o tigre cavaleiro,
Espumando a correr, calcava o mundo inteiro,
A deusa o acompanhava, e ria-se... a cruel!
Tinha a face vermelha, ardia de coragem,
Dava beijos de amor na face do selvagem,
Enterrando o aguilhão nos flancos do corcel.

Era ela que em Roma erguia-se funesta!
O ídolo do povo em sempiterna festa!

O amor de Ciprião, de César, de Pompeu.
Vergava com seu braço o braço do destino...
Prendeu nações e reis ao Monte Palatino,
E em douda bacanal depois desfaleceu.

Foi de Carlos o Grande a excelsa companheira:
Deu-lhe o trono de bronze, a espada aventureira,
E o globo imperial, glórias e troféus...
Quando escuro val, Rolando, moribundo,
Embocava a trombeta a despertar o mundo,
Erguia o colo a deusa além dos Pireneus...

Seguiu Napoleão da França até o Egito,
Nos mares, nos desertos, em busca do Infinito,
Das terras do Evangelho às terras de Coran,
Dos delírios da Europa aos sonhos do Oriente...
Teve medo afinal daquela febre ardente;
Lá no meio do mar prendeu esse Titã!

Ela estava também serena e triunfante
Ao pé de Farragut, o intrépido almirante,
Lá no tope do mastro, enquanto o monitor,
Em doudas convulsões, das túmidas entranhas
Vomitava metralha a derribar montanhas,
E do mundo arrancava um grito de terror...

Ela estava também – espetro pavoroso –
Do Amazonas a bordo, ao lado do Barroso,
De pólvora cercada, em pé sobre o convés...
Quando, à voz do valente, o monstro foi bufando,
Calados os canhões, navios esmagando,
A deusa varonil de amor caiu-lhe aos pés!...

Salve da guerra, deusa, arcanjo da batalha,
Que voas no vapor, que ruges na metralha,
Que cantas do combate os infernais clarões,
Quando arrancas do bronze os cânticos malditos:
O céu é fogo e aço, o ar – pólvora e gritos –
E corre e ferve o sangue em quentes borbotões.

Salve, tu, que nos deste o sangue da vingança!
O gládio da justiça, o raio da esperança,
E da glória cruenta o mágico esplendor!
É para te saudar que brame a artilharia
E que repete ao longe a voz da ventania
Das trombetas da morte o hórrido clangor!

....

Quando ela apareceu no escuro do horizonte
O cabelo revolto, a palidez na fronte,

Aos ventos sacudindo o rubro pavilhão,
Resplandente de sol, de sangue fumegante,
O raio iluminou a terra... Nesse instante
Frenética e virial ergueu-se uma nação!...

                                                1869.

Mestre Góis*

Quando chega o Presidente
Do conselho – fica a gente,
Fica a gente a se babar...
Cheio de partes e ditos,
Em pulinhos tão bonitos!
Vem todo a se requebrar...

É um bonequinho de mola
Tal e qual! Um mestre-escola
De palmatória na mão;
Torcendo de mil maneiras
 O nariz e as cadeiras
Dando bolos e lição.

Mestre Góis é de energia!
Para arranjar maioria
Teve uma ideia feliz:
À sombra da pobre guerra,
Pespegou as leis por terra;
Fez a eleição como quis.

* *In*: *Dispersos*. Rio de Janeiro: Civilização Brasileira, 1934, pp. 135-9.

Tem talento... a botar fora.
Deputados – não namora,
E nem lhes diz "água vai".
Passa a perna no Bismark!
Pois quem tem tão boa claque
Pensa algum dia que cai?

No estilo impertinente
É mestre Góis eloquente,
Quando fala faz furor;
Grita o povo da maromba:
– Nunca se viu! – É de arromba!
Oh! – Muito bem! – Que orador!

E a ilustre maioria
Começa em tal gritaria...
Aplaude em tal frenesi...
Que o homem dando um pulinho
Puxa logo um miudinho
Que vai até Catumbi!

Julga o nobre conselheiro
Que ele é o maior, o primeiro

Por tudo, em tudo... É pimpão!
Jurisconsulto, estadista,
É orador, jornalista,
É tudo – até charlatão.

Lá vem ele nas pontinhas
Parece que traz anquinhas...
Que mendengues de ioiô!
Mestre Góis é divertido,
Olha – gente – é parecido
Parecido com Guizot.

Inda por cima é bonito,
Não é nenhum esquisito;
É bonito como quê!...
Picante – *chic* – engraçado...
É um quitute guisado
Com azeite de dendê.

Lasca muito desaforo
De tirar cabelo e couro
Aos amigos. – E o que tem?
Passa tudo por chalaça:

Que sal! Que ladrão! Que graça!
E o coro a dizer: – Amém!

Com seu sorriso amarelo
Mete todos num chinelo:
Quem foi que ele não meteu?
Dá bem boas esperanças!
Chega a tratar de finanças
Coisa que nunca aprendeu.

O povo salta-lhe às botas...
Forte corja de idiotas!
O que é bom não compreendeis.
Que vos importa? Ora, é boa!
Tinha graça um povo à toa
Metido agora a dar leis.

O Mestre Góis, minha gente,
Agarrou-se a unha e dente
Em boas pernas de pau.
Cuidado! Psiu! Não lhe toques!
Por berliques e berloques
Tomou conta desta nau.

É o chefe, é o cabeçudo
Do partido barrigudo,
Partido que faz pasmar!
Pois com a capa da liga
Anda de rei na barriga
Em risco de arrebentar...

Deixe-se o povo de seca,
Que estronde – que leve a breca
Quanto antes – não faz mal;
Viva a flor dos estadistas!
O taicum dos progressistas
Desta terra imperial.

SÉRIE ESSENCIAL

001   Oswaldo Cruz, *Moacyr Scliar*
002   Antônio Houaiss, *Afonso Arinos, filho* | *1.ª ed., ABL, esgotado.*
003   Peregrino Júnior, *Arnaldo Niskier*
004   João do Rio, *Lêdo Ivo*
005   Gustavo Barroso, *Elvia Bezerra*
006   Rodolfo Garcia, *Maria Celeste Garcia*
007   Pedro Rabelo, *Ubiratan Machado*
008   Afonso Arinos de Melo Franco, *Afonso Arinos, filho*
009   Laurindo Rabelo, *Fábio Frohwein de Salles Moniz*
010   Artur Azevedo, *Sábato Magaldi*
011   Afonso Arinos, *Afonso Arinos, filho*
012   Cyro dos Anjos, *Sábato Magaldi*
013   Euclides da Cunha, *José Maurício Gomes de Almeida*
014   Alfredo Pujol, *Fabio de Sousa Coutinho*
015   João Cabral de Melo Neto, *Ivan Junqueira*
016   Ribeiro Couto, *Elvia Bezerra*
017   José do Patrocínio, *Cecilia Costa Junqueira*
018   Bernardo Élis, *Gilberto Mendonça Teles*
019   Teixeira de Melo, *Ubiratan Machado*
020   Humberto de Campos, *Benicio Medeiros*
021   Gonçalves Dias, *Ferreira Gullar*
022   Raimundo Correia, *Augusto Sérgio Bastos*
023   Rachel de Queiroz, *José Murilo de Carvalho*
024   Alberto de Oliveira, *Sânzio de Azevedo*
025   Álvares de Azevedo, *Marlene de Castro Correia*
026   Alberto de Faria, *Ida Vicenzia*
027   Machado de Assis, *Alfredo Bosi*

028   Álvaro Moreyra, *Mario Moreyra*
029   Austregésilo de Athayde, *Laura Sandroni*
030   Antônio José da Silva, *Paulo Roberto Pereira*
031   Afrânio Coutinho, *Eduardo Coutinho*
032   Sergio Corrêa da Costa, *Edla van Steen*
033   Josué Montello, *Cláudio Murilo Leal*
034   Mário Cochrane de Alencar, *Flávia Amparo*
035   Alcântara Machado, *Marcos Santarrita*
036   Domício da Gama, *Ronaldo Costa Fernandes*
037   Gregório de Matos, *Adriano Espínola*
038   Magalhães de Azeredo, *Haron Jacob Gamal*
039   Visconde de Taunay, *Mary del Priore*
040   Graça Aranha, *Miguel Sanches Neto*
041   Luiz Edmundo, *Maria Inez Turazzi*
042   Coelho Neto, *Ubiratan Machado*
043   Lafayette Rodrigues Pereira, *Fabio de Sousa Coutinho*
044   Júlio Ribeiro, *Gilberto Araújo*
045   Castro Alves, *Alexei Bueno*
046   Vianna Moog, *Luis Augusto Fischer*
047   Augusto de Lima, *Paulo Franchetti*
048   Celso Cunha, *Cilene da Cunha Pereira*
049   Antonio Callado, *Ana Arruda Callado*
050   Goulart de Andrade, *Sânzio de Azevedo*
051   Araripe Júnior, *Luiz Roberto Cairo*
052   Matias Aires, *Rodrigo Petronio*
053   Pardal Mallet, *André Seffrin*
054   Teófilo Dias, *Wellington de Almeida Santos*
055   Félix Pacheco, *Marcos Santarrita*
056   Tomás Antônio Gonzaga, *Adelto Gonçalves*

057	Gonçalves de Magalhães, *Roberto Acízelo de Souza*
058	Luís Murat, *Flávia Amparo*
059	Olegário Mariano, *Pedro Marques*
060	Otto Lara Resende, *Cláudio Murilo Leal*
061	Raul Pompeia, *Ivan Teixeira*
062	Rui Barbosa, *Murilo Melo Filho*
063	Sílvio Romero, *José Luís Jobim*
064	Vicente de Carvalho, *Ida Vicenzia*
065	Alcindo Guanabara, *Ubiratan Machado*
066	Américo Jacobina Lacombe, *José Almino de Alencar*
067	Olavo Bilac, *José Castello*
068	Lúcio de Mendonça, *João Pedro Fagerlande*
069	Pedro Luís, *Pedro Lyra*

IMPRENSA OFICIAL DO ESTADO DE SÃO PAULO

Coordenação Editorial: *Cecília Scharlach*
Assistência Editorial: *Ariadne Martins*
Editoração Eletrônica: *Selma Brisolla*
Editoração, CTP, Impressão e Acabamento: *Imprensa Oficial do Estado de São Paulo*

Proibida a reprodução total ou parcial sem a autorização
prévia dos editores

Direitos reservados e protegidos
(lei nº 9.610, de 19.02.1998)

Foi feito o depósito legal na Biblioteca Nacional
(lei nº 10.994, de 14.12.2004)

Impresso no Brasil 2013

Formato: *13 x 18,5 cm*
Tipologia: *Caslon*
Papel Capa: *Cartão Triplex 250 g/m²*
Miolo: *Pólen Soft 80 g/m²*
Número de páginas: *68*
Tiragem: *2000*

Rua da Mooca, 1.921 Mooca
03103 902 São Paulo SP
sac 0800 01234 01
www.imprensaoficial.com.br

GOVERNO DO ESTADO DE SÃO PAULO

Governador: *Geraldo Alckmin*

Secretário Chefe da Casa Civil: *Edson Aparecido*

IMPRENSA OFICIAL DO ESTADO DE SÃO PAULO

Diretor-presidente: *Marcos Antonio Monteiro*

CONSELHO EDITORIAL

Presidente: *Carlos Roberto de Abreu Sodré*

MEMBROS

Cecília Scharlach
Eliana Sá
Isabel Maria Macedo Alexandre
Lígia Fonseca Ferreira
Samuel Titan Jr.